Recueil de la diuersité

des habits, qui sont de present en vsage,
tant es pays d'Europe. Asie. Affrique
& Isles sauuages, Le tout fait
apres le naturel.

A PARIS.
De L'imprimerie de Richard Breton , Rue
S. Iaques, à l'Escreuisse d'argent. 1567.
Auec priuilege du Roy

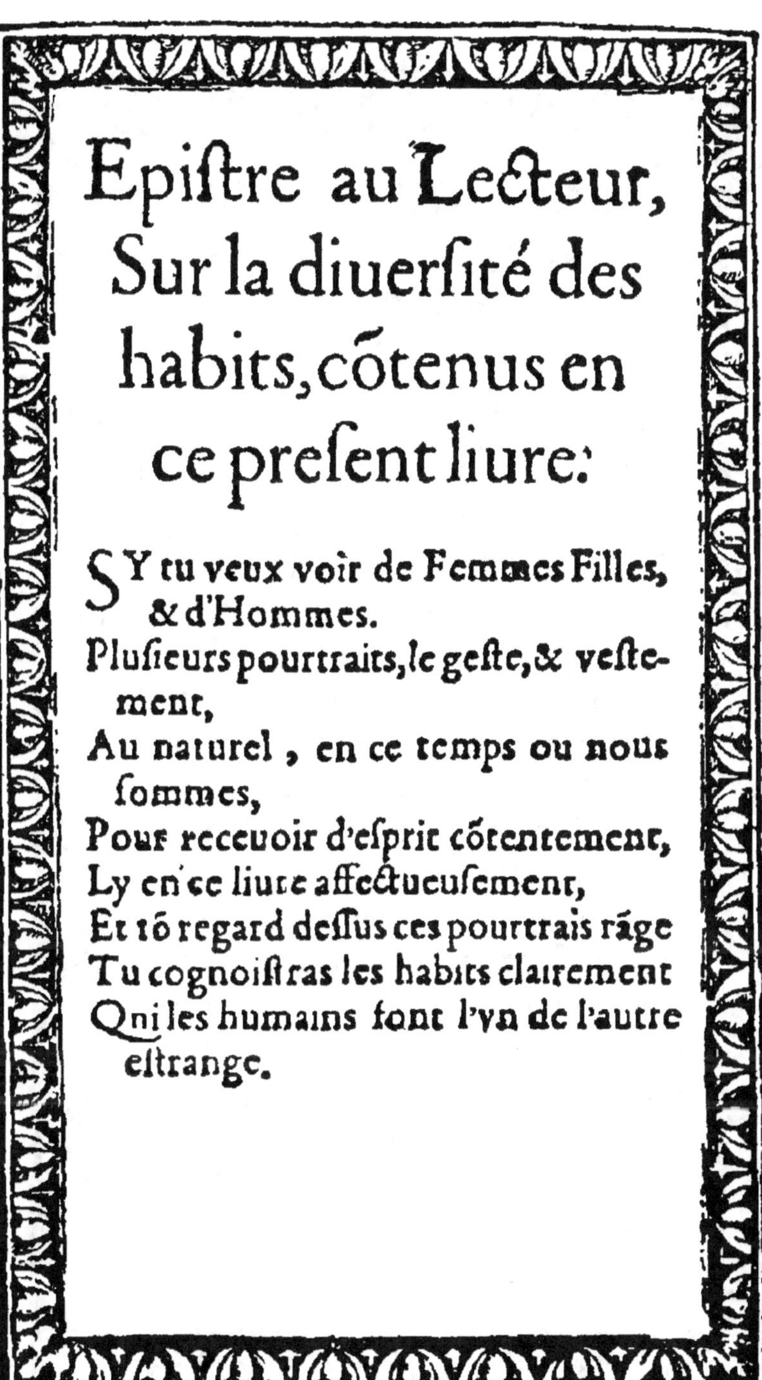

Epistre au Lecteur,

Sur la diuersité des habits, cótenus en ce present liure:

SY tu veux voir de Femmes Filles,
   & d'Hommes.
Plusieurs pourtraits, le geste, & veste-
ment,
Au naturel, en ce temps ou nous
sommes,
Pour receuoir d'esprit cótentement,
Ly en ce liure affectueusement,
Et tó regard dessus ces pourtrais ráge
Tu cognoistras les habits clairement
Qni les humains font l'vn de l'autre
estrange.

A tresilluſtre Prince

Henry de Nauarre, François deſerpz
ſon treshumble, & treſobeyſſant
ſeruiteur, Sa'ut, & felicité
perpetuelle.

Vous eſtes deuemét

aduerty par la leçon des Liures ſaints
(Prince treſilluſtre)que noz premiers
peres eſtoyent veſtuz de fueilles & de
peaux, pour couurir la nudité de leur
corps ſeulemét:mais peu à peu, croiſ
ſant auec l'aage, la malice des hômes,
on à chãgé ces habits premiers en plu
ſieurs & diuerſes maniere, Ce qui eſt
aduenu tant par neceſſité que par cu-
rioſité des humaïs,cóme il ſe voit que
es pays Septéttionaux les habitãs ſót
cótraints de ſe véſtir d'habits fourréz,
ou groſſes mantes,& au pays meridio
nal ſót nudz,ou veſtuz à la legere,có-
me cela ſe peut verifier par les Sauua
ges,& Breſiliẽs, meſmes en ces pays,
lors que le Soleil eſt prochain du

A 2

Cácer, & quát à la necefsité de fe def
fédre ou affaillir, cela à cótrainctceux
de tel exercicede farmer, mailler ou
prédre collet de buffe. Ce feroit peu
de chofe de cela, mais la curiofité fur
mótát la necefsité à engendrévne fi
gráde differéce d'habits, tant au fexe
mafculí q̃ feminin, q̃ telle façó eftrá
ge à mis tout hóme en admiration,
cófiderát les modes diuerfes dót fót
veftus les hommes de ce fiecle . Or
quát a la diuerfité, felon mon iuge-
mét,la differéce des religiós en a en-
gédré vne partie, & la curiofité des
perfonnes,& la diftance des pays,v-
ne autre partie,plus l'arrogáce &pre
fumption ont acheué ce roolle,ainfi
que le pouuez mieux cófiderer,que
ie ne le puis declarer, fás en faire vn
lóg difcours.A cefte caufe (Monfei-
gneur)i'ay fait ce Recueil cótqnát la
diuerfité des habitsqui fót à prefent
en vfage,rát en Europe, Afie, Affrique , que es Ifles des Sauuages , &
Barbares ,ayant fuiuy quelque def-
fein du deffunẛ Roberual, Capitai-

ne pour le Roy, & d'vn certain Portugais ayāt frequenté plusieurs & di
uers pays, séblablemēt de ceux que
no⁹ voyós iournellemēt à l'oeil, du-
quel recueil i'ay bien osé vous faire
humble present, nó sous autre espe-
ráce sinon de vous faire perpetuel
seruice, toutesfois. Monseigneur ie
me suis persuadé que vous ne trouuerez pas bõ que i aye pris peine ou
plaisir à faire chose non edificatiue:
Mais i'espere que vo receuerez quel
que cōtētemēt d'y voir la mobilité
de noz vieux predecesseurs, & qu'ilz
ont esté plus curieux de sumptueuse
vesture que de rare vertu: ce qui se
peut cognoistre en ce que plusieurs
sont fort honorez pour la multitu-
de & sumptuosité de leurs vestemēs,
& toutefois sont vuydes de vertu &
saine cōscience. Et sēble qu'ils soyēt
de la race des Pōtifes Pharisiens, ou
de ce mauuais Riche mentionné en
S. Luc, qui estoit vestu de pourpre &
de soye, & ce pendant le pauure La-
zare mourut de faim à sa porte.
C'est exemple (dy-ie) nous peut

seruir de retrencher toute excessiue vesture, qui attire l'homme à orgueil : car
tout ainsi qu'on cognoist le Moyne au
froc, le Fol au chaperon, & le Soldat aux
armes, ainsi se cognoist l'hôme sage à l'ha
bit non excessif. Ie n'entens toutestois
mespriser les habits excellens de ceux
qui sont dignes de les porter, pour deco
rer leur prerogatiue & ioyaux precieux
donnez du Createur , pour recreer le
cueur de ses creatures: mais ie desire que
nul n'y attache son affection, ains en la
vraye pierre angulaire, à sçauoir IESVS
CHRIST, sur laquelle est fôdée lavraye
Eglise de Dieu, & qu'elle soit enrichie
d'or, & fin esmail, c'est à dire de viue foy
ouurante par charité en Iesus Christ no-
stre Sauueur vnique, Lequel ie prie affe-
ctueusemét vous maintenir & côseruer
en longue côualescence, & prosperité.

Le Cheualier.

Quant vous verrez vn si riche Collier
Porter à l'hôme, ou blame ne peut mordre,
Pensez que c'est vn Cheualier de l'ordre,
Ayant du Roy vn don tant singulier,

Le Gentilhomme

Il est certain que le braue François,
A la Reistre, il s'est du tout vestu,
Si en habit mobile tu le voys,
Il est constant en parolle & vertu.

La Damoyſelle.

Telles on voit Françoyſes damoyſelles
En leur maintien gracieuſes & belles,
Leur entretien à tous eſt agreable,
Et pleine ſont de grace inconparable.

Le Venitien,

Soyez certains que les Veniciens,
(Qui sont Seigneurs, nobles & anciens,)
Alors qu'ilz vont au Palays, sont vestus
Comme voyez, & sont pleins de vertus.

Le President,
Voy ceſt habit, ſans pompe n'y exces
C'eſt la veſture des graues Preſidens,
Qui ſont commis à iuger les Proces,
Dé par le Roy, en ſa court reſidens.

Le Courtisan,

Le Courrtisan Françoys, au temps qui court
Est braué ainsi qu'en voyez la figure,
A mainte Dame il sçait faire la Court,
Car d'eloquence il entend la mesure.

L'Italienne.

Voyez icy la femme d'Italie,
Cóme elle est viue en ce present pourtrait
De sa façon fort plaisante & iolye,
A son amour les hommes elle attrait.

Labourgeoifede paris
Féme on ne voit plus belle, & plus courtoife
Se monftrant chafte auec fon veftement,
Que dans Paris, ou eft mainte bourgeoyfe,
Telle qu'elle eft painte icy viuement

Le Bourgeoys.

Tu peux voir cy le vray Parision,
Sa mode honneste estant en sa vesture,
Son parler est subtil, & a moyen
De trafiquer, c'est la propre nature.

Le vieil Bourgeoys,

Si tu veux voir le vieil bourgeois de France,
Le sien habit, son port & grauité,
Ce pourtrait cy, t'en fait la demonstrance,
Peu curieux est de nouuelleté.

Lartisan Francois
C'est l'artisan vestu de bonne cape,
Aymant labeur, afin qu'il sen nourrice,
Oysiueté par trauail il eschape,
Pource que c'est de tous maux la nourrice,

Le Docteur.

Voicy l'habit que porte le Docteur
Faisant le graue, ainsi qu'il est notoire,
Luy se disant de la foy protecteur,
D'ou viét cela qu'on ne le veut plus croire.

Le laboureur,

Le Laboureur à tousiours son courage
De trauailler au monde terrien,
Il n'est oysif, mais de son labourage,
Souuét nourry sont ceux qui ne font rien

Le ſoldat Francoys.

Le vray Soldat françois icy ſe monſtre
Pr eſt pour côbatre, ou pour faire brauades
M ais quelque fois il remet a la monſtre
Son hoſte, ou bien le paye en baſtonnades.

Le laquais,

Voy ce Lacquais leger comme le vent,
Pour bien courir il n'à la couleur fade,
Argent en bource il n'a le plus souuent,
Parquoy son hoste est payé en gambade.

La ruſtique francoiſe

Regardez bien (Lecteurs) la contenance
De ceſte femme, en ce pourtrait antique,
Touſiours ainſi on voit parmy la France,
Eſtre veſtue vne femme ruſtique.

La Picarde.

Voy ceste femme auec son Bauolet,
C'est la Picarde esueillée & honeste,
Son parler plait, son maintien n'est pas laid
Mais bien souuent elle à mauuaise teste.

L'espousée de France

L'espouséeest coiffée,aussi vestue
Comme voyez,quant elle prent mary,
A demonstrer sa beauté l'esuertue,
En ce iour là,n'ayant le cueur marry.

Le dueil.

Voicy l'habit accoustumé au dueil,
Noir de couleur côme sont les tenebres,
Quâd par soulpirs, auecques larmes d'oeil,
Pour les defunctz on fait pôpes funebres.

Le Champenoys,

S'il est ainsi que rien tu ne cognois
En ceste forme, & figure presente,
Voicy le vray habit d'vn Champenoys,
Qui a tes yeux viuement se presente.

La rustique de Brece

Sy n'a esté en la Brece iamais,
(Par ce pourtrait naturel & antique,)
Tu pourras bien cognoistre desormais.
Le vray habit d'yne Brece rustique.

# La Brebansonne.

La brebansonne est icy compassée,
Par ce Pourtrait au naif composé.
Son vestement à la queue troussée,
Et sa coiffure est de linge empesé.

La Fille Flamende.

Qui fille belle & freche voir demande,
Et habillee en habit vſité,
Doit contempler ceſte fille Flamende,
En ceſt habit viuement limité.

Ladamoiſele ſlaméde

Pour ce pourtrait vous faire mieux entédre,
Si vous n'allez voir le pays de Flandre.
Aſſeurez vous que noble Damoyſelles
En ce lieu là, portent veſtures telles.

La fille Holandoise
Sur ce pourtrait, si ton oeil s'esuertue
En contemplant ceste fille au maintien,
Sans en Holande aller, pour certain tien
Que tout ainsi la fille y est vestue.

La Holandoise,

La Holandoise on peut certainement
Bien recognoistre en icelle figure,
Son habit est plissé mignonnement,
Blanche & polye est de sa nature.

L'angloyfe.

Ainſi veſtue eſt vne femme Angloiſe
Par le deſſus ſon bonnet eſt fourré,
On la cognoiſt (bić qu'aux lieux on ne voì
Facilement à ſon bonnet carré.　　　(e)

La Romaine,

Il ne faut pas qu'a Rome on se pourmaine
Pour veir le port, le geste & grauité.
Liure prudente & antique Romaine,
Ce pourtrait cy, en tien la verité.

La Lyonnoiſe.

Quand vous verrez la braue Lyonnoiſe
Veſtue ainſi au plus pres de voz yeux.
Mieux vaut l'aymer que prẽdre à Lyon noiſe,
Pource qu'il eſt cruel & furieux.

La Goueſtre,

Voyez cõmẽt ceſte femme eſt ſemblable,
En groſſe gorge à l'homme proprement,
Quoy que ce ſoit vne choſe admirable,
Ce pourtrait cy ne ment aucunement,

Le Gouestre,

Si as esté au pays de Piedmont,
Par ce pourtrait tu pourras recognoistre,
Qu'en y allant & trauersant les Monts
Tu as peu voir de semblable Gouestre.

Le Prouenſſal,

Qui n'à eſtéen la chaude Prouence,
Pour voir l'habit, & auſſi la veſture,
A contempler ce pourtrait cy ſauance,
Au naturel en verras la figure.

Le Pollognoys,

Si ce pourtrait icy tu ne cognoys,
Au chapperon fourré (chaud à merueilles
Tu cognoistras que c'est vn Pollognoys
Craignant le vent qui le frappe aux oreilles

C 4

L'escolloys.

Il faut Lecteur, que tout certain tu fois
Quant tu verras ce pourtrait de tes yeux,
Que c'est l'habit que porte l'escossois,
Qui n'est par trop mondain ne curieux,

L'escossoise.

Si vous baissez l'oeil dessus ce pourtrait,
Pour bien sçauoir d'Escossoise la forme,
Cestuy cy est au naturel conforme,
Comme voyez qu'au vif il est pourtrait.

La sauuage d'Escosse,
Si tu mets l'oeil dessus ceste figure
A celle fin que certain tu en soys,
C'est la sauuage au pays Escossoys,
De praux vestue encontre la froidure.

Le capitaine Sauuage
Vous pourrez voir entre les Escoſſois,
Tel Capitaine faiſant là leur ſeiours,
Qui ſouuent font nuyſance aux Angloys,
Peu de profit leur fait faire maints tours.

Le Flament,

Si du Flamend veux ſcauoir la veſture
Sa courte robe, & ſa maniere auſsi,
Tu le verras par ceſte pourtraiture,
Changer d'habit ce n'eſt point ſon ſoucy.

La Flamende,

Au vif tiree eſt ceſte pourtraiture,
D'vne Flamende ainſi expreſſement,
Si ſur les lieux vous n'allez: ſa veſture
Eſt peincte icy laborieuſement,

Le Prieur.

Pourtrait est cy, vn gros & gras prieur
Vestu d'habits, qui luy sont fort ydoine
De les changer il n'est point curieux,
Car c'est souuent l'habit qui fait le moyne.

Le Chartreux,

Voicy l'habit pourtrait au naturel
Dont est vestu le Chartreux solitaire,
Qui à acquis de grand bien temporel
De noz parens, dont il se conuient taire.

Le Chanoyne.

Quand le Chanoine veut aller au Monſtier
Pour aſſiſter à ſon diuin ſeruice,
De tel habit il ſe veſt voluntiers,
Qui en yuer luy eſt chault & propice,

Le Moyne.

Ce pourtrait cy que voyez, vous deliure,
Du moyne au vif, ayant en main son liure,
Si d'auenture il n'ayme la vertu,
Pous recompense il est ainsi vestu.

Le vieil pere de village

Ce vieil patron & pere de village
N'est pas enclin de ses habits changer,
Mieux aimeroit auoir de gras potage,
Et son lict faict pour mollement coucher.

Le dueil de village.

Voyla comment se vest la villageoise,
Portant le dueil en cest accoustrement:
Et en plorât fait plus grand bruit & noise,
Que ne font prestres communement.

Ladamoiſelle en dueil
En France ainſi ſe veſt la Damoiſelle,
Pour ſes parens en ſepulture mis,
Et fait ſon dueil par vn naturel zele,
Quant elle a fait perte de ſes amis.

Le dueil de Flandre,

En Flandre ont les femmes appris
Faire dueil en commun vsage,
Ainsi qu'au vif nous le voyons compris
Par le pourtraict de la presente image,

Le zelandois,

Si tu es meu d'vne nouuelle cure,
De contempter & scauoir la parure,
Accoustumee à l'homme Zelandois,
En ce pourtrait contempler tu la doys.

La zelandoise.

La zelandoise en ce pourtrait icy,
(Ou tu la vois estre exprimee ainsi)
Peut à chacun monstrer apertement,
Qu'elle façon est en son vestement.

Leuesque de mer.

La terre n'a euesques seulement,
Qui sont par bule en grãd hõneur & tiltre,
L'euesque croist en mer samblablement,
Ne parlãt point, cõbien qu'il porte mitre.

Le moyne de la mer,

La Mer poiſſons en abondance aporte
Par don diuin, que deuons eſtimer:
Mais fort eſtrange eſt le moyne de mer,
Qui eſt ainſi que ce pourtrait le porte,

Le singe debout.

Pres le Peru par effect le voit-on,
Dieu a donné au Singe telle forme,
Vestu de ionc, s'apuiant d'vn baston,
Estant debout chose aux hômes côforme.

Le Ciclope.

De Polipheme & des Siclopiens,
Font mention poetes anciens:
On dit encor que ce lignage dure,
Auec vn oeil selon ceste figure.

Le gentilhôme suiſſe,
Si vous voulez eſtre tant curieux,
D'vn peu baiſſer ſur ce pouttrait voz yeux
Certainement vn chacun verra com ne,
En Suiſſe eſt veſtu vn gentilhomme,

La damoyselle suisse,

Pour vous mõstrer l'habit que Damoiselle
Ont en Suisse, il vous conuient sçauoir
Qu'en vestemens elles sont toutes telles
Qu'en ce pourtrait on peut apercéuoir.

Le lanſquenet.

Le Láſquenet iour en iour s'accommode,
A l'entretient de ceſte vieille mode,
De ſon naïf & propre habillement.
Et ſens iamais vſer de changement.

La lanſquenette,

Croire conuient la Lanſquenette auſsi
Tenir ce geſte, & tellè eſt ſa veſture,
Comme chacun le peut cognoiſtre icy,
Par le regard de ceſte pourtraiture.

L'alemande.

L'habit est tel de la femme Alemande,
Et point ne change ainsi que nous souuét,
Car le François nouueaux habits demáde,
En les muant ainsi comme le vent.

Le bourgeois allemãt

De cest habit voyez l'inuention
C'est du bourgeoys Allemant la vesture,
Qui comme aucuns n'en fait mutation,
Diuersité n'aymans de leur nature.

Le Suyſſe.

Voicy l'habit & geſte du Suyſſe
Puiſſant & fort, ainsi que des long temps,
Les Roys de France en ont tiré ſeruice.
En Cour & guerre, auec desirs contens.

La Suyſſe

Regardez bien de ceſt habillemẽt,
Toute la forme & façon comme elle´eſt
Car en *Suyſſe* ainſi certainement,
Chacune femme ainſi touſiours ſe veſt.

La haute Allemande

Si d'auenture on vous demande
Que represente ceste figure,
C'est vne vraye haute Allemande,
Pourtraite au vif, selon nature:

La fille Allemande.

Quant vous verrez cheuelure ainsi grand
Pendre du chef, comme icy la voyez,
C'est pour certain vne fille Allemand,
Vestue ainsi, de ce seur en soyez,

Le Hongre

Si ne voulez estre trop curieux
De cheminer iusques au propres lieux
Pour du chemin fuir la fascherie,
Ainsi se vest l'homme de Hongrie.

La dame de Hongrie,

Chacune dame habitant en Hongrie.
Qui à l'honneur de grande seigneurie
Porte toussiours vn tel accoustrement,
Qu'il est icy depaint fort proprement.,

La Mosquovide.

La Mosquouide ainsi comme i'ay leu,
Se vest ainsi, & d'vne bonne grace.
Ayant en teste vn gros chapeau velu,
Portant patins qui sont ferréz à glace.

Le Mosquovide.

Le Mosquovide auec sa grand' masue,
Dessus la mer gelee fait la guerre,
Et le desir qui plus fort le rourmente,
C'est d'acquerir des biens dessus la terre.

La fēme de bayonne

La Bayonnoyſe,& ſon accouſtrement
On peut icy contempler en figure,
De.ceſt habit ne change aucunement;
Et ſimple elle eſt de ſa propre nature.

La féme allāt alameſſe

La femme ainſi en Bayonne à veſture
Oyant la meſſe en grand deuotion,
Puis ſ'en reulent auec ceſte parure,
Toute endormye de contemplatión.

Le dueil de Bayonne.

Quant il aduient que Bayonnoise porte
L'habit de dueil, pour mary ou parent,
Elle est tousiours vestue en ceste sorte,
Comme voyez au pourtrait apparent.

La rustique d'espaigne.
Espaigne est fort plantureuse & fertille,
Car mainte chose y croist heureusement,
Femme rusticque en ce lieu proprement
Comme il appert en ce pourtrait s'habille.

Le Bisquin.

Voy du Bisquin le simple habillement
Plus content est auecques sa souffrance,
Qu'aucun vestu de riche accoustrement
Que l'on peut veoir par le païs de France.

La Bisquine

Ceste vesture est bien peu entendue,
La Bisquine est depainte en cest endroit,
Par sa coustume elle est ainsi tondue,
En demonstrât qu'ell' ne craint pas le froid.

La féme de pápelune

Voicy la femme estant en Pampelune,
Coiffée ainsi, & vestue tousiours,
Sans point changer l'habit, comme la lune,
Ainsi que font les françoys tous les iours.

La tódue d'espaigne.

Dedãs l'Espaigne on voit de telle femme,
Qui tondue sont faisant tel passetemps,
Vray est que c'est vne chose profaue:
Car plusieurs gens à le voir passent temps.

L'espaignolle.

Qui bien voudra cognoistre seurement
Côme en Espaigno est la femme habillee,
Il doit penser qu'icy certainement
D'vne Espaiguolle est l'ymage taillee.

L'eſpaignol,

Qui veut ſçauoir & l'habit & le geſte
De l'eſpaignol, faut eſtre tout certain
Que ce pourtrait au rif le manifeſte,
Sans l'aller voir en pays plus lointain.

La feme de rūceualle.

La féme de cópoſtel-

F 3

La feme de Tollette.

Si ton regard sur ce pourtrait s'arreste,
Estrange il est, mais ne t'en esbahis,
La femme ainsi est vestue en Tollete,
Pource que c'est la façon du pays.

L'espaignole rustique

Si vous auez frequenté le village
Parmy l'Espaigne, en escoutant le son
Du Rossignol, femme de labourage,
D'habit & geste, a semblable façon.

La ruſtiq de portugal.

En Portugal parmy les lieux champeſtres
y trouuerez de ſemblable ruſtique,
Les vne aux cháps mene leur beſte paiſtre,
Et au labeur ies autres ſy applicque.

La ruſtique de hogrie.

Chacune femme eſtanç par le village
Des Hongriens ou elles font ſeiour,
Porte toufiours c'eſt habit pour vſage
Ia des long temps iufques au preſent iour.

Le Portugais,

Le Portugais auecques sa grand chape,
Ne crains de mer le soudain accident,
Par traffiquer grand richesse il attrape,
Aussi est-il fort sobre, & diligent.

La portugaiſe.

La Portugaiſe eſt veſtue en la ſorte
Que la pouuez cognoiſtre à ce pourtrait
Fort grand' amour à l'argent elle porte,
Car auarice a ce deſir l'attrait.

Le delubic.

Le Delubic, naturel à la proye,
Se vest & chausse en ceste mode cy,
Ce n'est point luy qui enrichy la soye,
D'habit mondain ia n'est en grand soucy.

La delubicque,

La Delubicque n'est pas trop amoureuse
De beaux habits, côme bien on peut voir
Par ce pourtraict. mais plustost curieuse
De viure auoir, dont elle fait deuoir.

La barbare,

Quand la Barbare en ſes habitz plus beaux
Veut démonſtrer ſa grand magnificence,
Fourree ainſi elle eſt de riches peaux,
Que ce pourtrait le met en apparence.

Le Barbare,

Les Barbares,ont le vestement semblable
Comme tu vois,cela est tout notoire,
Quoy que te soit cest habit admirable,
La verité te contraint de le croire.

La morefque.

Au more noir la morefque reffemble,
Son habit eft leger pour la chaleur,
L'hóme & la féme accordét bié enfemble,
Tous deux camus & de noire couleur.

Le More,

Le More se vest ainsi legerement,
Pour la chaleur du pays qu'il endure,
Le nez camus il ha semblablement:
Son poil frison, sa leure espaisse & duré,

Le Persien,

De Perse sont les peuples anciens,
D'eux maite hystoire on voit par escripture
Le propre habit est tel des Persiens,
Que le voyez en ceste pourtraiture

La Persienne.

Si vous voulez le geste apperceuoir
De Persienne, & sa robe vsitee,
Vous ne pourriez plus clairement la voir
Qu'elle est icy, pourtraite & limitee.

G 4

L'indien,

De l'indien, & son habit estrange,
Par ce pourtrait la verité peux voir,
Si ne le crois, ie dis pour ma reuange,
Va iusqu'au lieu, & tu le pourras voir.

L'indienne

Amy lecteur, il te conuient entendre,
Que l'Indienne est vestue propiement.
De cest habit que peux icy compre dre,
Pource qu'il est pourtrait naifuem nt.

G 3

La Femme sauuage,

Femme sauuage à l'oeil humain, nõ fainte,
Ainsi qu'elle est sur le naturel lieu,
Au naturel vous est icy depainte,
Comme voyez qu'il appert à vostre oeil.

L'homme ſauuage,

Combien que Dieu le Createur ſeul ſage,
A fait vſer les hommes de raiſon,
Icy voyez vn vray homme ſauuage,
Son corps yelu eſt en toute ſaiſon.

L'egyptien.

Pour bien cognoiſtre vn vray Egyptien
Auec les longs cheueux qu'il porte,
En retenant ſon habit ancien,
Il eſt au vif pourtrait en ceſte ſorte,

L'egyptienne

La Bresilienne.

Les femmes là, sont vestues ainsi
Que ce pourtrait le monstre & represente,
La des Guenons, & Perroquetz aussi,
Aux estrangers elles mettent en vente

Le Bresilien;

Le Sauuage en pôpe

Quand le sauuage est en brauade ou pompe
Il est ainsi habillé proprement,
Si tu as peur que ce pourtrait te trompe
Va sur les lieux pour voir son vestement.

Le tartare,

Si ce pourtrait à ceux semble barbare
Qui ne l'ont veu qu'ainsi qu'il est depaint,
Il est tout seur que tel est Tartare,
Et cest habit est vray, & non pas faint

L'hermite d'Egypte.
Ainſi ſe veſt l'AEgiptien hermite,
Qui du commun icy ſe rend eſtranger,
Mangeant racine, faiſant la charemite,
S'il trouuoit mieux, il en voudroit máger.

Le Prestre d'Egypte,

Ce long chapeau, la longue barbe aussi,
L'AEgyptien prestre nous represente,
Qui du vray Dieu n'a pas tant de soucy,
Que de ces dons qu'au téple on luy preséte

La Nictorienne,

Si quelque fois vostre regard se range.
Sur ce pourtrait, qui peut sembler estrange.
Croyez que c'est vn habit ancien,
Que porte femme à ce Nictorien.

Le Nictorien,
Qui voudra voir comme vn Nictorien,
Se coiffe & vest en voicy la figure,
Et de changer il se garde fort bien,
Tant que viuant en ce monde il dure.

La fille turquoife,
Les Turcs fôt loin, poît ne faut qu'ô y voife
Pour mieux fçauoir de leur habit la forte,
Mais pour cognoiftre vne fille Turquoife,
Icy pourtrait eft l'habit qu'elle porte.

La fille d'affrique

Par ce pourtrait qui est assez antique,
Vous pouuez voir vne fille d'Affrique,
Qui pour parure a son petit manteau,
Estant fourré d'vne exquise peau.

Le Grec.

Le Grec il a vn veſtement ſemblable
A ce pourtraiȼt, cela eſt tout notoire,
Quoy que te ſemble c'eſt habit admirable,
La verité te contrainȼt de le croire.

La Grecque.

La Grecque aussi a son accoustrement
Et son maintiét d'vne assez bône grace,
Et sa coiffure entretient iolie ment:
Mais taxee est de trop polir sa face.

Le Ianiſſaire.

Tu vois le vray pourtrait des Ianiſſaires,
Qui du grãd Turc ont leur nourriſſemét,
Pour le ſeruir des choſes neceſſaires,
Ou il cognoiſt prompt leur entendement.

La Ianiſſaire,

La Ianiſſaire a ſa veſture ainſi,
Que ce pourtrait le monſtre & le figure,
Le haut bonnet elle porte, & auſsi
Veſtue elle eſt d'vne longue veſture.

H 4

Le grec seruãt le turc.
Du fier Gregeois voicy la pourtraiture,
I'entend de ceux qui en lart militaire,
Seruent le Turc, enclinant leur natore
A guerroyer tant par mer que par terre;

Le laquais turc.

Ce laquais Turc est icy sans mentir,
Au vif depajnt côme vn chacun peut voir
C'est le moyen qu'il a de soy vestir,
Pour mieux courir, dôt il fair prôpt denoir.

Les dames sont en la Turquie ainsi
Comme voyez vestue ceste cy,
Tout leur maintiét, leur habit, leur visage,
Est exprimé par la presente image.

Le Turc,

Sans en doubter, & sans vous deceuoir,
Deuez penser que d'vn Turc la vesture,
Ressemble au vif à celle qu'on peut voir,
En la presente image & pourtraiture,

L'arabien,

En Arabie est d'encens abondance,
Arabiens iadis riches estoyeꞷ,
Et ce pourtraict vous met en euidence,
Le propre habit qu'ils portét, & qu'ils porto iét

L'arabienne.

Si veux de femme auoir la cognoissance,
Qui d'Arabie a pris natiuité,
Ceste figure te met en euidence,
L'habit qui est par les femmes porté.

La femme d'alie,
Regardez bien comme les Aſiennes
Sont habillées & coiffees en bonne ordre
Ie ſuis certain que les Veniciennes,
N'y pourroyẽt pas ſur ce trouuer à mordre

La velue d'affrique,

Quend l'Affriquaine a perdu son mary,
Estant par mort serré dans le cercueil,
Tel vestement elle porte par dueil,
En demonstrant qu'elle a le cueur marry

CE LIVRE
« D'UNE INSIGNE RARETÉ »
DIT UNE MENTION INSCRITE SUR LA
GARDE DE L'ORIGINAL,
« DONT ON NE CONNAIT QUE
QUELQUES EXEMPLAIRES »,
A ÉTÉ REPRODUIT NE VARIETUR
A 150 EXEMPLAIRES
POUR LES ÉDITIONS DE L'ANTILOPE
PAR AUDIN ET COMPAGNIE :
120 SUR MONTGOLFIER ;
20 SUR CHINE ;
10 SUR JAPON.

www.ingramcontent.com/pod-product-compliance
Lightning Source LLC
LaVergne TN
LVHW020540060726
842525LV00004B/1239